AF258136

MÉMOIRE

DU CITOYEN ROBBÉ.

Montagne-bon-Air.
Le 4 Prairial l'an deuxième de la République

LE CITOYEN ROBBÉ

Concitoyens de Montagne-bon-Air.

JE suis détenu depuis plus de quatre mois. Après avoir fourni aux Autorités constituées tous les renseignemens qu'elles ont paru désirer sur ma conduite, après avoir réfuté toutes les frivoles dénonciations dont j'ai été l'objet, j'espérois un jugement prochain qui me rendroit ma Liberté ; & je suis au même état qu'au premier jour. Cependant ma captivité se prolonge : les inculpations se renouvellent & se multiplient : les bruits sinistres qu'on se plait à répandre sur mon compte ont pénétré jusqu'au fond de ma prison, & je me détermine à rendre mes Concitoyens Juges entre mes dénonciateurs & moi.

Je me justifierai, & je prouverai que je n'aurois jamais dû être dans le cas de me justifier, puisque je ne dois ma détention qu'au zèle outré de quelques personnes égarées que des apparences mensongères & quelques *oui-dires* fabuleux auront allarmé.

Mais avant tout je dois aux termes de la Loi, rendre compte de ma conduite depuis 1789. Ce compte ne sera pas long : le voici.

J'ai été employé dans l'Administration des Fourrages depuis 1785. Mes fonctions cesserent en 1789, lors que cette Administration fut suspendue, & que les troupes se fournirent elles-mêmes leurs subsistances, & je me trouvai dans cette Ville aux premiers moments de la Révolution.

J'atteste ici mes Concitoyens, & il n'en est pas un qui ne puisse & ne doive rendre témoignage de la manière patriotique dont je me comportai & des principes que je professai à cette époque fameuse, & dont je ne me suis jamais écarté depuis. Je fus près d'une année sans emploi, & je passai tout ce temps à Saint Germain ou je fus, l'un des premiers, nommé Capitaine de la Garde Nationale. L'Administration fut rétablie en 1790; ma place me fut rendue & depuis lors j'ai toujours été en activité de service, soit aux frontières, soit dans l'intérieur de la République.

Au mois de Nivôse dernier, à la suite d'une maladie grave occasionnée par les fatigues excessives auxquelles j'étois exposé depuis long-tems, je sollicitai un congé d'un mois pour venir chez moi rétablir ma santé, & je l'obtins. J'arrive dans cette Commune le 21. A peine suis-je entré dans ma Maison, à peine ai-je eu le temps d'embrasser ma femme que je me vois arrêté, conduit à la Geole & mis au Secrèt.

A ce fait mes lecteurs vont croire que j'étois accusé & presque convaincu de quelque délit de la plus haute importance. Moi même, quoique parfaitement rassuré sur les suites de cet événement, je ne laissois pas de faire des réflections fort tristes sur le genre de calomnie qui avoit pu me faire traiter avec tant de rigueur. Comment prévoir que ce traitement étoit suscité par les accusations les plus futiles & les plus absurdes? C'est cependant ce dont je ne tardai pas à acquérir la preuve consolante.

La Chambre que j'occupois à la Geole donnoit par une fenêtre sur le lieu des Séances de la Société Populaire. Le second jour de ma détention j'entendis lire une lettre du Comité de Surveillance qui annoncoit à la Société *que d'après les dénonciations qu'elle lui avoit adreffée contre moi*, il avoit jugé à propos de me faire arrêter du moment qu'il avoit été instruit de mon arrivée. Aussitôt un membre se leve & dit: » Qu'on ne peut qu'applaudir à la vigilance du Co-» mité: que tous les bons Citoyens doivent être indignés » de ma fortune & de la rapidité avec laquelle je l'ai faite; » qu'il n'y a qu'un an que je suis dans les fourrages, & » que, sans parler de ce que je cachois sans doute aux » yeux du public, on me connoissoit deux Hôtels à Paris » & un ici de cent mille francs chacun. » Mon premier mouvement, le mouvement si naturel à un homme opprimé, fut de demander la parole pour répondre à mon dénonciateur. Je pensois que le droit de défense étant le droit imprescriptible de tout Citoyen accusé, innocent ou coupable il pouvoit l'exercer dans tous les tems & dans tous les lieux. Je me trompois, sans doute car on refusa de m'entendre.

Mon dénonciateur, qui d'abord parloit de la manière la plus affirmative, se rejetta, sitôt qu'il m'appercut & m'entendit; sur ces bruits insignifians, ces *On dit fi vagues*, & finit lui même par demander : *Quels étoient, où étoient mes dénonciateurs?*

Rien de plus simple que la réponse que je voulois faire. J'aurois dit à l'Orateur : » Tu prétens que je ne suis dans

» les fourrages que depuis un an : tu te trompes ; & tu
» induis les autres en erreur ; car depuis 1785, j'y ai
» toujours été employé, à l'exception de dix mois, &
» je le prouve par les différentes commissions que j'ai
reçues à cet effet. (Elles ont été déposées au Comité de
Surveillance & sont aujourd'hui entre les mains du Repré-
sentant du Peuple avec une lettre à moi adressée par les
anciens Administrateurs des Subsistances, laquelle prouve
que par le résultat des comptes de 1791 que j'ai rendu en
recette et dépense il m'est dû par l'Administration un sol sept
deniers et neuf dixième de denier :) et depuis cette époque
je n'ai eu aucune comptabilité comme je le prouve par la
lettre du Régisseur sous lequel j'étois employé à l'ar-
mée du Nord. « Tu m'attribues une fortune de 3 à 400,000
» livres. A cette inculpation d'une fortune chimérique, je
» n'opposerai que le tableau de ma fortune réelle. Elle con-
» siste premièrement dans une maison acquise à la mort
» de mon pere pour le prix de 45,000 livres dont 24,000
» ont été payées comptant et dont je dois le reste. Deu-
» xièmement est un petit bien national acquis en 1791,
» pour la somme de 2950 livres. Troisièmement en 1050
» livres de rente viagère provenant d'une somme placée
» par mon pere sur l'hôtel de ville de Paris et sur nos deux
» têtes. Voilà aujuste ce que je possède ; et si tu parviens
» à prouver tes dénonciations en tout où en partie, je dé-
» clare que tout ce qu'on me trouvera, outre les objets
» que je viens de motiver, est un bien mal acquis et ap-
» partient à la Nation. Que, si tu me demandes comment
» j'ai acquis cette modique somme à laquelle tu vois que
» se réduit ma fortune, je te répondrai qu'elle est en par-

» tie le fruit de la succession de mon pere. Mon pere qu'on
» s'est plu à représenter comme extrêmement pauvre jou-
» issoit de 3270 livres de rente, savoir 1320 livres de
» pensions sur le Trésor National, 800 livres de rente sur
» la ville, les 1050 livres dont je viens de parler et 100
» livres de rente sur un particulier d'Orléans ; à quoi il
» faut réunir un logement dont il jouit pendant 15 ans au
» château de St.-Germain, 15000 livres que lui avoit lé-
» gués la ci-devant Duchesse d'Olonne, et le produit de
» quelques ouvrages qu'il a fait imprimer à la fin de sa vie,
» et de plus il étoit fort économe. D'autre part il est de
» fait que ma place me rapporte 6000 livres, et tout le
» monde sait que les secours et la confiance de quelques
» amis m'ont mis dans le cas de faire un commerce sur les
» vins et les eaux de vie, qui n'a pas laissé de m'être avan-
» tageux. Pese ces différentes citconstances, compare ce
» que j'ai avec ce que je devrois avoir, d'après cela tu
» conviendras que très légitimement j'aurois pu devenir
» beaucoup plus riche, si je ne m'étois toujours piqué
» d'une insouciance qui n'est nullement compatible avec
» la manie de faire fortune.

Ce qui ne me fut pas permis de dire de vive voix,
je l'écrivis dès le lendemain à la Société & au Comité
de Surveillance, & ces éclaircissemens ne trouverent
point de contradicteurs.

Un petit évenement m'avoit donné l'apparence d'un
tort. j'avois perdu mon Porte-Feuille en route, & j'étois
arrivé sans Passe port & sans permission. Les doubles de
l'un & l'autre me furent renvoyés à ma première demande.
Ce prétexte n'existant plus , la fausseté de mes dénonciations

une fois rendue palpable, la pureté de ma conduite at-
testée de la manière la plus flatteuse par mon Administration & les chefs sous lesquels je servois, je me
croyois au terme de mon esclavage ; mais j'étois loin de
compte. Je dois indiquer deux autres petites dénonciations
dont je fus encore le témoin auriculaire à la Géole : l'une
par laquelle on m'accusoit d'avoir paru dans les rues sur
un Cheval superbe qui valoit bien cent pistoles ; l'autre
dont l'auteur prétendoit m'avoir vu la main pleine d'as-
signats, & il y en avoit bien pour 100,000 livres. Ce qu'il y
a de vraiment original, c'est que celui-ci interpellé s'il
me connoissoit, répondit naivement que non. Le public
appréciera de reste la solidité de ces griefs.

Je me hâte d'en venir à l'inculpation principale où
aboutissent en dernière analyse toutes les dénonciations
qu'on a jugé à propos d'accumuler contre moi & qui
portent le même caractère d'invraisemblance & de légèreté.

J'ai parlé d'une Maison dont j'avois fait l'acquisition
l'année dernière pour la somme de 45,000 livres. On
prétend que, soit pour frauder les droits du timbre, soit
pour déguiser une fortune illicite, je n'ai porté sur le contract
de vente qu'une partie de la somme réelle pour laquelle
cette Maison a été achetée, & que dans le fait je l'ai
payée 80,000 livres. En bonne règle, avant de discuter
une pareille accusation, je devrois attendre qu'on établit
quelques unes des preuves sur lesquelles on là fait reposer.
Malheureusement la peine du délit a précédé à mon égard
la conviction & même son existence ; & déjà puni plus
séverement que s'il étoit avéré, je me vois contraint de

prouver qu'il n'est ni vrai, ni probable. Je le ferai avec le plus de sang froid qu'il me sera possible.

J'étois absent lorsque ma femme conçut le projet de cette acquisition. Ma procuration que je lui avois laissée la mit à même de conclure à sa fantaisie. Qui auroit pu la porter à un arrangement frauduleux tel que celui qu'on me reproche, & qui pouvoit me compromettre si cruellement ? étoit-ce l'appas de quelques louis escamotés à la Nation ? cela est pitoyable. L'envie de cacher ma fortune ? mais dans l'hypotèse même où la Maison m'auroit coutée 80,000 livres, Cette fortune en seroit-elle moins excessivement médiocre, & des-lors pourquoi la cacher ? il est constant que, sur les 45,000 livres enoncées au contract de vente, je redois 21,000 livres au Propriétaire dont je lui paye l'intérêt. Il est constant aussi que, pour satisfaire aux droits Nationaux, ma femme emprunta 1400 liv. au Citoyen Dorville. Est-il vrai semblable qu'elle se fut ainsi endettée de tous les côtés, si elle eut pû donner un pot de vin de 35,000 liv comme on prétend qu'elle l'a fait.

Et le Citoyen Lacroix, Propriétaire de la Maison, lui qui n'avoit point de fortune à mettre sous le boisseau, lui à qui la condition secrette & supposée dont il s'agit n'offroit d'autre avantage que celui de faire une friponnerie inutile, par quelle bizarre inconséquence s'y seroit-il prêté? supposé qu'il y ait donné les mains, par quelle inconséquence plus bizarre jencore vient-il, en me dénonçant, dénoncer sa propre turpitude ? la grande, la seule preuve qu'on ait contre moi dans cette affaire est le témoignage de ce même Lacroix. Il parle d'une contre lettre qu'il a remise à ma femme pour la décharge des 35,000 liv. sous entendues dans le contraĉt. Où est-elle cette contre-lettre ? dira-t-on que nous l'avons déchirée ? elle étoit donc inutile, & alors à quoi donc la demander ? que nous l'avons soustraite ? la manière fort imprévue dont j'ai été arrêté, dont les scellés ont été apposés sur tous mes effets ne laisse aucune place à un pareil soupçon. Je sens que le procédé de Lacroix, doit paroître inexplicable. Ou sa déposition est vraie, & alors il est, un fripon lui-même ; ou elle est fausse, & il est le plus vil & le plus lâche des calomniateurs. Cependant deux mots jetteront un grand jour sur sa conduite. Il a eu peur de dire la vérité, & la crainte est si puissante sur certaines ames ! il a compté sur l'impunité qu'on lui faisoit attendre d'un aveu soit disant sincère, & chemin faisant il a été bien aise de corroborer cette petite tracasserie pour se venger de celles qu'il a voulu susciter à ma femme & qui n'ont tourné ni à son honneur, ni à son profit.

Quoi qu'il en soit, le témoignage de Lacroix, dénué de toute autre preuve morale ou phisique est forcément de toute nullité. Or je mets au défi qu'on produise contre mon délit prétendu rien qui ressemble à une preuve. On peut bien couvrir la vérité de quelques légers nuages : mais il n'est pas si facile de leur donner de la consistance.

Un des grands argumens qu'on m'oppose est que la Maison dont il s'agit est très-belle, d'une très-belle apparence & qu'elle a l'air de valoir plus du prix qu'elle ne m'a coûté, d'où l'on conclut tout uniment que je l'ai payée le double. Mais je prie ceux qui raisonnent ainsi de se donner la peine de compter toutes les Maisons qui, dans cette petite Ville seulement, ont été vendues fort au dessous de ce qu'elles avoient coûté. Ensuite je leur observerai que le contract a été trois mois au bureau des hypotêques, & que si la Maison avoit été achetée si fort au dessous de sa valeur, quelques uns des créanciers de Lacroix, n'auroient pas manqué de revenir sur la Vente. Je défie mes ennemis de répondre à cet argument.

Enfin je mets les choses au pis, & faisant abstraction de l'immoralité d'une pareille supercherie, je me soumets pour le moment aux imputations de Lacroix; je suppose avoir motivé au contract une somme beaucoup moindre que celle réellement payée à celui-ci pour sa Maison. Ce cas a été formellement prévu par la Loi. Elle a nommé des Juges pour en connoître, & ce sont ces Juges qui doivent prononcer la peine que nous avons encourue mon vendeur & moi en lézant les droits de la Nation, & j'ai peine à concevoir qu'une inculpation de cette nature puisse autoriser une incarcération provisoire dans laquelle on me laisse depuis plus de quatre mois sans paroitre songer à moi.

J'ai démontré que les dénonciations dirigées contre moi au sujet de ma fortune & de la manière équivoque dont je l'avois faite étoient absolument fausses, mensongères, & que parconséquent je ne dois sous aucun rapport être rangé parmi les gens suspects. Je suis donc fondé à demander au nom de la justice & de l'humanité qu'on mette fin à ma détention.

J'ai démontré commbien est illusoire le faux qu'on prétend exister dans mon affaire avec le Citoyen Lacroix,

& qu'on ne met en avant qu'au défaut de toute autre accusation problable.

Je le répete, si l'on ne trouve pas cette affaire suffisamment éclaircie je demande à être traduit devant le Tribunal compétent pour me juger. Je suis bien sûr que sa décision ne peut que me tirer de l'état d'oppréssion & d'incertitude où je languis depuis plus de quatre mois.

ROBBÉ.

A Montagne-bon-Air, de l'Imprimerie de PERREAULT, Place de la Raifon, N°. 10.